SKANEN KÒD LA

pou aksede
liv elektwonik anime,
kat vokabilè,
kesyon konpreyansyon,
paj koloryaj
ak anpil lòt bagay

RANKONTRE KARAKTÈ NOU YO ATRAVÈ TOUT LIV NOU YO !

Petra

Polo

Lili

Dani

RENCONTREZ NOS CARACTÈRES À TRAVERS NOS LIVRES !

La Petite Pétra™

PWOGRAM BILENG
POU TIMOUN

PROGRAMMES BILINGUES
POUR ENFANTS

18 TIT

12 SERI

5 LANG

Lòt lang disponib pou kòmand espesyal

18 TITRES

12 SÉRIES

5 LANGUES

Langues personnalisées disponibles sur commandes spéciales

LIV FIZIK

LIVRES PHYSIQUES

LIV ELEKTWONIK ANIME

LIVRES ÉLECTRONIQUES AUDIO ANIMÉS

FICH VOKABILÈ

FICHES DE VOCABULAIRE

KESYON KONPREYANSYON

QUESTIONS DE COMPRÉHENSION

PAJ KOLORYAJ

FEUILLES DE COLORIAGE

JWÈT PÈZÈL

JEUX PUZZLES

PARAN AK PWOFESÈ,

Konpliman dèske nou ankouraje pitit nou pou yo konn pale plizyè lang !

Se yon desizyon ki pral bay bon rannman pou tout lavi ti moun yo !
Rechèch montre ke, si yon ti moun aprann yon lang anvan li gen 6 an, l ap pi fasil pou l rive pale lang lan kòm si li se yon natif natal. Epi tou, rechèch montre ke ti moun ki bileng gen plis jèvrin nan kapasite yo kòm aprann.

Objektif nou nan konpayi Young and Bilingual™, se pou nou akonpaye ou ak pitit ou yo oswa elèv ou yo, pou yo vin bileng byen bonè nan anfans yo. Ilistrasyon yo bèl, epi tou yo gen anpil koulè. Chak liv gen mo vokabilè ladan yo, lis mo outi ki sèvi nan liv la, ak esplikasyon pou pwononsyasyon plizyè son ki nan liv la.

Nou defini kat nivo pou liv nou yo :

❂ Chanson Ti moun
Chante ansanm ak pitit ou chante tradisyonèl ou te pi renmen lè ou te piti !

❶ Preskolè – jaden d anfan
Lekti entèraktif, ideyal pou ti moun piti k ap dekouvri monn lan

❷ Lekòl matènèl – premye ane fondamantal
Fraz ki senp, ki fèt pou ti moun ki pa ko konn li oswa k ap aprann li (mwens pase 150 mo)

❸ Jaden d anfan rive nan premye ane fondamantal
Istwa ki fèt pou ti moun ki fenk aprann li pou kont yo (mwens pase 300 mo)

❹ Jaden d anfan rive dezyèm ane fondamantal
Istwa ki kout e ki prezante leson lavi ak dekouvèt kiltirèl (mwens pase 600 mo)

Young and Bilingual™ ofri materyèl bileng GRATIS sou sit entènèt li a www.lapetitepetra.com pou ede pitit ou ak elèv ou vin bileng. Nou akeyi fidbak ou pou nou kontinye amelyore liv ak pwogram nou yo. Rete an kontak ak nou epi, tou, n espere tout ti moun yo ava byen pwofite !

CHERS PARENTS ET ENSEIGNANTS,

Nous vous félicitons d'encourager vos enfants et élèves à devenir bilingues et à apprendre à lire en plusieurs langues ! C'est une décision qui portera ses fruits pendant de nombreuses années ! Les recherches ont montré qu'il est plus facile pour un enfant d'apprendre une nouvelle langue et adopter un accent natif avant l'âge de 6 ans. Les recherches montrent également que les enfants bilingues ont de meilleures capacités cognitives.

L'objectif de Young and Bilingual™ est de vous accompagner ainsi que vos enfants ou élèves dans leur apprentissage des langues pendant leur jeune âge. Les illustrations de chaque livre sont attrayantes et ont couleurs vives. Chaque livre comprend des mots de vocabulaire bilingues, une liste de mots de l'histoire que les enfants doivent connaître, et le classement phonétique de quelques mots de l'histoire.

Nous avons défini quatre niveaux de développement dans nos livres :

❶ Comptines

Chantez avec votre enfant les chansons traditionnelles haïtiennes préférées de tous les temps !

❶ Du préscolaire à la maternelle

Lecture interactive, idéale pour les tout-petits qui découvrent le monde

❷ De la maternelle au CP

Phrases simples, ouvrage idéal pour les pré-lecteurs qui commencent tout juste à apprendre à lire (moins de 150 mots)

❸ De la maternelle au CP

Histoire courte, idéale pour les lecteurs autonomes débutants (moins de 300 mots)

❹ De la maternelle au CE1

Petite histoire, qui comprend des leçons de vie et des découvertes culturelles (moins de 600 mots)

Young and Bilingual™ offre des ressources bilingues GRATUITES sur son site web www.lapetitepetra.com pour aider vos enfants et élèves à devenir bilingues. Faites-nous part de vos commentaires afin de nous permettre de continuer à améliorer nos ressources. N'hésitez pas à nous contacter, et surtout, bon apprentissage !

Premye Piblikasyon : Avril 2022
XPONENTIAL LEARNING INC
Copyright © 2022 Krystel Armand

NIVO 3

La Petite Pétra™

PETRA
NAN MITAN TAKINRI SOU LAKOU LEKÒL

La petite Pétra
et les taquineries à la récré

Krystel Armand

Ilistrasyon : Oksana Vynokurova

Yon apremidi,
Petra soti lekòl
rive lakay li ak
yon figi tris.

Un après-midi, la petite
Pétra sort de l'école le
visage triste.

Ou gen lè tris Petra, cheri. Sa k ap pase ?

Tu as le visage triste, ma petite Pétra. Que se passe-t-il ?

9

10

Un camarade de classe a dit que mon sac d'école est laid et tout le monde a ri de moi !

Lè tout ti moun yo kòmanse ri m, mwen kriye. Lè mwen kòmanse kriye, tout ti moun yo tounen di mwen te yon bebe.

Comme tout le monde a ri de moi, j'ai pleuré. Comme j'ai pleuré, tout le monde a dit que j'étais un bébé.

Regarde-toi dans le miroir, Pétra. Que vois-tu ? Un bébé ou une grande ?

Une grande !

14

Gade tèt ou nan miwa, Petra. Sa ou wè ? Yon bebe oswa yon jèn fi ?

Yon jèn fi !

15

Mwen menm tou, se yon jèn fi mwen wè ! Se pa kondisip klas ou ki pou deside si valiz lekòl ou lèd oswa si ou se yon bebe. Se ou menm ki pou deside.

16

Moi aussi, je vois une grande ! Ce n'est pas à tes camarades de décider si ton sac d'école est laid ou si tu es un bébé. C'est à toi de le décider !

18

Si ou renmen valiz lekòl ou e si ou konnen se pa yon bebe ou ye, se sa sèlman ki konte ! Pa koute sa kondisip klas ou yo ap di.

Si tu aimes ton sac et si tu sais
que tu n'es pas un bébé, c'est
tout ce qui compte ! Ne t'occupe
pas de ce que dit ton camarade.

Pour prendre du courage, répète souvent : « Je suis une grande et je suis géniale. Je le sais et c'est tout ce qui compte. »

Pou pran kouraj, repete souvan : « Mwen se yon jèn fi, epi mwen fantastik. Mwen kònn sa e se sa ki pi enpòtan. »

Mwen konnen ou tris
lè kondisip ou yo ap
takinen w. Sa nòmal,
men se okazyon pou
vin fò epi pou ou bati
karaktè w !

Je sais que tu es triste lorsque tes camarades te taquinent. C'est normal, mais c'est l'opportunité de devenir plus forte et de bâtir ton caractère !

De retour à l'école, les taquineries reprennent.

Lè li tounen lekòl,
takinri yo reprann.

Mwen se yon jèn fi epi mwen konnen mwen fantastik, e se sa ki pi enpòtan !

Je suis une grande et je me trouve géniale et c'est tout ce qui compte !

Anplis, valiz lekòl ou lèd anpil !

Et puis ton sac d'école est laid !

Sa pa grav !
Mwen renmen
valiz lekòl
mwen e se sa
ki pi enpòtan !

Dommage ! Moi
j'aime mon sac
d'école et c'est
tout ce qui
compte !

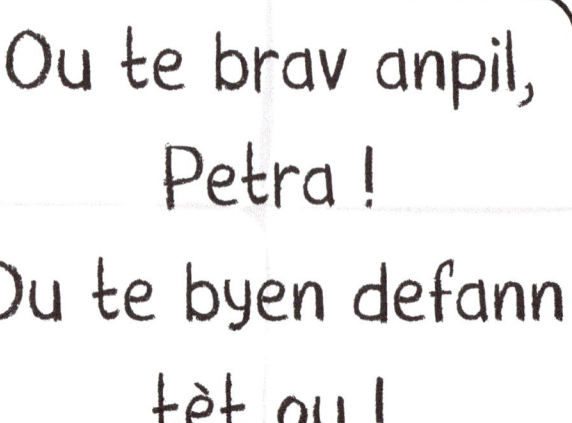

Ou te brav anpil, Petra ! Ou te byen defann tèt ou !

Tu as été très courageuse, Pétra ! Tu t'es bien défendue !

AMIES POUR TOUJOURS

Mèsi anpil zanmi
m yo ! Mwen
kontan jounen an !

Merci les amies ! C'est une
belle journée !

37

N a wè byento !

À très b**ien**tôt !

triste

triste

lekòl

école

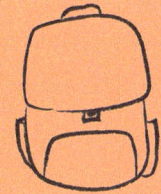

valiz lekòl

sac d'école

griyen dan

rire

kriye

pleurer

bebe

bébé

miwa

mirroir

gwo

grande

renmen

aimer

ASTUCES DE LECTURE

POUR AIDER LES JEUNES LECTEURS A LIRE LE LIVRE SEULS

- Lisez ensemble les sons complexes identifiés en rouge
- Lisez ensemble les mots outils (mots fréquents et difficiles à lire) identifiés en bleu
- Expliquez-leur que les lettres grises sont muettes
- Expliquez-leur que certaines lettres, bien qu'elles apparaissent en noir dans le livre ont plusieurs prononciations possibles (« s », « c », « g »)

SONS COMPLEXES:

mon	ballon
laid	fraise
tout	poupée
moi	roi
pleuré	feu
dans	maman
décider	papier
compte	pompier
prendre	serpent
chose	chat
rien	chien

MOTS OUTILS À RETENIR:

elle est avec ses et dans

oui mais on les

SERI DEKOUVÈT AYITI

Nan seri sa a, Petra ak Lili dekouvri peyi yo, Ayiti, ak kilti ayisyen ki rich anpil. W ap jwenn liv nivo 1, 2, 3, 4 ak Chanson Ti moun pou adapte ak bezwen pitit ou a oswa elèv ou yo ! Fè nou konnen ki lòt pati peyi d Ayiti oswa kilti ayisyen ou ta renmen Petra ak Lili eksplore !

SÉRIE DÉCOUVERTE D'HAITI

Dans cette série, Pétra et Lili découvrent leur pays, Haïti, et sa riche culture. Vous trouverez des livres de niveaux 1, 2, 3, 4 et de comptines adaptés aux besoins de votre enfant ou de vos élèves ! Faites-nous savoir quelles autres parties d'Haïti ou de la culture haïtienne vous aimeriez que Pétra et Lili explorent !

Koleksyon liv bileng nou enkli liv an kreyòl-anglè, fransè-anglè, pòtigè-anglè ak liv an espanyòl-anglè e plizyè liv disponib an fòma audio pou akonpanye ti lektè nou yo ! Pou plis enfòmasyon, vizite sit wèb nou an nan www.lapetitepetra.com.

Notre collection de livres bilingues inclut des livres en créole-anglais, français-anglais, portuguais-anglais, et en espagnol-anglais. Plusieurs de ces livres sont disponibles en format audio afin d'accompagner nos petits lecteurs ! Pour plus d'information, visitez notre site web au www.lapetitepetra.com.

www.ingramcontent.com/pod-product-compliance
Lightning Source LLC
Chambersburg PA
CBHW051600120626
46551CB00013B/1604